AF235352

Schrebergarten für Anfänger

Wie Sie Ihren eigenen Schrebergarten Schritt für Schritt planen und gekonnt in die Tat umsetzen

inkl. praktischem Garten Pflanzenguide

Miriam Feldmann

🌱 INHALT

Das erwartet Sie in diesem Buch

Dieses Buch richtet sich an zukünftige oder bereits ‚eingeloggte‘ Schrebergärtner. Kompendien über einzelne Pflanzen gibt es genug. Ich helfe Ihnen dabei, die Pflanzen zu finden, die Sie zum Erreichen der nötigen Anbaufläche im Kleingarten bringen, sodass Sie sich auf Ihre Herzensprojekte wie eine Sitzecke, einen kleinen Pool, Platz für die Kinder, Erdbeeren oder was auch immer konzentrieren können.

Sie können alternativ auch das ganze Jahr über den Schrebergartenvorschriften nachhecheln und Pflanzen anbauen, die Sie vielleicht gar nicht mögen, nur, um dem Gartenvorstandskontrollen zu genügen. Hierbei sei gesagt, dass die Gartenvorstände auch nur ihren Job machen. Hintergrund der Anbauvorgaben ist, dass das Bundeskleingartengesetz vorschreibt, dass im Kleingarten ein Drittel der Gesamtfläche Anbaufläche, also mit Obst und Gemüse bestückt, sein muss. Ein Drittel kann schnell mehr werden, als man ursprünglich dachte, und überhaupt sah doch am Anfang alles so lieblich aus.

Die anderen zwei Drittel dürfen aus Rasen oder Stauden und aus Flächen, die der Erholung dienen, bestehen. Manchen Kleingärtner bringt das schnell an zeitliche, finanzielle oder mentale Grenzen, denn die reine Ausstattung der Anbaufläche nur mit Stauden und Gehölzen ist nicht erlaubt.

Hierzu werden Sie bei der ersten Gartenbegehung, die in der Regel im Hochsommer stattfindet, jedoch sicher Hinweise darüber bekommen, wie streng Ihr Gartenvorstand damit ist. Schließlich soll ja auch ein ansehnliches Gesamtbild entstehen, und das ist nur mit einjährigen Pflanzen manchmal schwer zu erreichen.

Der erste Teil dieses Buches gibt einen Überblick über Standortfaktoren für Pflanzen. Der Praxisteil nennt Ihnen einzelne Pflanzen, die pflegeleichter sind als andere, die einiges an Anbaufläche besetzen und die Ihnen natürlich auch Freude machen.

Ich bin seit sechs Jahren Hobbygärtnerin in einem Garten, der eigentlich für zwei bis drei Personen gedacht war, und bin dazu berufstätig. Ich arbeite ohne chemische Dünger und versuche, wann immer möglich, mit auf dem Grundstück vorhandenen Material zu arbeiten und so wenig wie möglich hinzuzukaufen.

Falls Sie gern Gartenmaterial oder Pflanzen einkaufen, sind Sie mit diesem Buch aber auch gut beraten. Dann können Sie noch mehr herausholen! Zunächst klären wir aber die entscheidenden Fragen, die Sie sich stellen sollten, bevor Sie sich einen Garten zulegen.

WARUM WOLLEN SIE GÄRTNERN?

Vielleicht haben Sie vor Ihrem eigenen Garten eine Vorstellung vom perfekten Schrebergarten aus Gartenmagazinen, von Internetseiten oder durch den Blick über den Gartenzaun bei so manchem gut betuchten Nachbarn her eingeprägt bekommen. Diese Anblicke sind oft bezaubernd, aber seien Sie sich bewusst, dass auch bei noch so viel Pflege ...

1. Nicht alles gelingt, was Sie pflanzen.

2. Manchmal mehr von etwas wächst, als Sie dachten.

3. Der Gartenvorstand eigene Vorstellungen von einem gelungenen Schrebergarten hat, die er durchsetzen kann, weil es am Ende sein Land ist.

4. Gelegentlich ungeplante Kosten auf Sie zukommen können, zum Beispiel für die Rettung einer Pflanze, in die Sie schon investiert hatten, oder weil eben Fläche bestellt werden muss.

5. Die Pflanzen wegen klimatischer Bedingungen oder düngungsbedingt nicht zur geplanten Jahreszeit sprießen und damit Ihr Zeitplan flexibler sein muss, als Sie vielleicht anfangs dachten, wenn Sie ein ästhetisches und essbares Ergebnis erhalten wollen.

6. Seltsamerweise nicht wirklich viele Menschen bekannt sind, die der eigene Schrebergarten komplett autark gemacht hat.

Diese Liste ist nicht vollständig. Wenn Sie all das bedacht haben, können Sie die Angebote für Schrebergärten beobachten.

Sind Sie bereit für eine Verpflichtung? Klar, es kommt nicht jeden Tag der Gartenvorstand vorbei und kommentiert Ihr Tun. Sie können es auch einfach einmal versuchen und wenn Sie den Garten dann nach einigen Jahren abgeben, geht auch keine Welt unter. Ein Schrebergarten ist geeignet für Menschen, die dort anwesend sein können und auch Lust haben, in der Natur, statt irgendwo anders zu sein. Des Weiteren ist er perfekt für Menschen, die handwerklich arbeiten wollen und die mit heimischem Obst und Gemüse auf dem Teller eine besondere Freude empfinden.

Was man auf jeden Fall braucht

Sie sollten sich bewusst sein, dass ein Garten ab 50 m² schon deutlich mehr Arbeit macht als zwei große Balkonkästen. Daher brauchen Sie unbedingt:

1. Die Fähigkeit, sich in der Gartensaison mehr-
    mals wöchentlich dreckig zu machen, vor allem
    Ihre Fingernägel, Füße und Haare. Handschuhe
    lassen auch Dreck durch. Manch ein Gärtner
    kann ohnehin nicht mit ihnen arbeiten, da er so
    nicht genug fühlt.

2. Ein zumindest ansatzweise vorhandenes handwerkliches Geschick oder Interesse an Handarbeit mit Geräten.

3. Die Fähigkeit, durchzuhalten, auch Geduld genannt.

4. Wenn Sie biologisch arbeiten wollen: Interesse an schulbiologischen und -chemischen Zusammenhängen sowie an Klimatologie.

5. Etwas Budget.

Sie haben das alles? Perfekt, dann kann das Gärtnern eines der schönsten Hobbies werden und auch finanziell lohnenswert sein, hat man erst die passenden Pflanzen gefunden. Dies ist bei sehr guten Wachstumsbedingungen für Pflanzen gut möglich, wird in der Realität aber oft nicht erreicht. Weitere Voraussetzungen kann man, muss man aber nicht mitbringen. Hier können Sie improvisieren. Die oben genannten sind aber ein Muss.

Augen auf beim Gartenkauf!

Oder auch: beim Pachten. Ein Kleingarten darf laut Bundeskleingartengesetz[1] bis zu 400 m² groß sein. Davon ein Drittel sind immerhin 133,33 m². Dies ist der höchstmögliche Wert für geforderte Anbaufläche in Kleingärten, aber auch bei ‚nur‘ 200 m² Gartenfläche haben Sie mit circa 80 m² Anbaufläche gut zu tun, wenn Sie nicht ständig chemischen Dünger, Unkrautvernichter oder sonstige Gifte sprühen und streuen wollen und

---

[1]Bundeskleingartengesetz (BKleingG):
https://www.gesetze-im-internet.de/bkleingg/BJNR002100983.html abgerufen: 02.09.2020

neben dem Garten noch andere Dinge zu betreuen haben.

Erfahrungsgemäß sind Gartenflächen unter 180 m^2 zeitlich und budgettechnisch machbarer. Hier kommt es aber auch auf die vorhandenen Bestände an. Das Bundeskleingartengesetz ist nur der äußere Rahmen, Ihre Kleingartenordnung der Sparte ist das zu Beachtende.

Da ein Garten oft nach Bauchgefühl ausgewählt wird, passiert es gerne einmal, dass Sie etwas mehr Fläche als geplant gepachtet haben, zum Beispiel weil die Lage oder die Ausstattung des Gartens einfach unwiderstehlich waren oder Sie sich schlichtweg am Anfang überschätzt haben, was Ihre tatsächliche Arbeitskraft angeht.

Dieses Buch richtet sich auch an Menschen, die zusammen einen Garten gepachtet haben, aber während einer immer mehr Arbeit hineinsteckt, zieht der andere sich aus der Verantwortung. Ersterer will den Garten vielleicht trotzdem gern behalten.

Prinzipiell ist das Pachten von Grundstücken eine gute Sache. Sie haben den Verein hinter sich. Wenn es Fragen gibt, müssen Sie sich nicht den schier überfordernden Regelwerken stellen, die beispielsweise festlegen, was auf den Gehwegen der Sparte erlaubt und was verboten ist. Außerdem –

wenn wir den Spaß einmal außen vor lassen – bekommen Sie das Land relativ günstig im Verhältnis zu dessen Nutzwert auf Zeit vermacht. Günstig deshalb, weil dieses Land einer vom langfristigen Besitzer vorgesehenen Nutzungsart unterworfen ist. Also ist der Deal: Preisrabatt gegen das Erfüllen einiger Vorgaben.

Können Sie sich damit identifizieren? Falls nicht, überdenken Sie bitte Ihre Entscheidung! Es gibt tolle öffentliche Plätze im Grünen, und wie schon erwähnt sind Gemeinschaftsgärten in der Regel froh über motivierte Mitglieder. Tomaten wachsen auch auf dem Balkon. Auch eigene Grundstücke sind eine Option für Menschen, die nach mehr Freiheiten suchen.

Ernte und Umsetzung

Wenn Sie sich dieser Punkte bewusst sind und die Entscheidung getroffen haben, Gärtner zu werden, Glückwunsch! Sie haben nun einiges an Gestaltungsarbeit vor sich und werden im besten Falle reich belohnt.

Legen Sie für das erste Jahr im neuen Garten fest, was Sie überhaupt ernten wollen! Sie haben mehr davon, wenn Sie nicht die Dinge anbauen, die man ebenso anbaut, sondern nur genau die Dinge, die Sie wirklich essen wollen.

Wenn Sie sich Ihre Wünsche notiert haben, überprüfen Sie bitte, ob bereits genug Anbaufläche zur Verfügung steht oder ob diese noch geschaffen werden muss. Manche Brachfläche sieht nach Anbauerde aus, sollte aber unter die Lupe genommen und gegebenenfalls ausgebessert werden. Empfehlenswert ist eine Pflanzenbestimmungs-App, damit Sie den vorhandenen Bestand auf dem Grundstück optimal einordnen und bestenfalls nutzen können. Ebenso gut: pflanzenbewanderte Bekannte, die Ihnen sagen können, was da wächst. Nehmen Sie diese unbedingt zur Gartenbesichtigung mit!

Ich hatte beispielsweise eine hübsche Fläche, auf der auch eine Zeigerpflanze für fruchtbaren Boden stand, doch schon beim Einstechen in die Erde stieß ich auf Steine, Plastikfolienteile, noch mehr Steine, Nägel und alte Mauerteile, also kleine Betonsteine. Deshalb der Tipp: vor der Unterzeichnung des Pachtvertrags einmal in die Erde schauen!

Da Sie nicht einfach so die Erde umgraben sollten, fragen Sie bei der Besichtigung doch einfach einmal nett nach, ob Sie an einer brachen Stelle mal kurz buddeln dürfen! Sagen Sie, dass Sie sich für die Bodenbeschaffenheit interessieren. Ganz akribische angehende Gärtner können ein Bodenprobefläschchen mitnehmen. Ein Gartenvorstand müsste das verstehen. Eine kleine Handschaufel reicht für das Unterfangen. Damit Sie auch einschätzen können, wie viel Platz Sie einplanen müssen, folgt hier eine erste Einführung in die Platzberechnung für Pflanzen.

PLATZBEDARF UND BEETERSTELLUNG

Für die Pflanzplanung wird hier fiktiv von einem unbepflanzten Grundstück mit viel Wiese und einigen Beeten ausgegangen.

Sie sollten bei der Planung mit den Bäumen beginnen, die Sträucher einfügen und dann zu den Beeten kommen, also von Groß nach Klein planen. Oder Sie planen andersherum, was weniger effizient, aber ebenfalls möglich ist.

Ein Garten lässt Vieles zu. Bedenken Sie, dass Sie für Beete eine sonnige Lage vorziehen sollten! Die Sonne auf dem gewünschten Grundstück morgens, mittags und abends einmal zu beobachten oder sich mit Himmelsrichtungen und Schattenlängen auskennen, lautet hier der Tipp.

Hintergrund ist, dass Bäume, die im Fachhandel angeboten werden, noch in Transportgröße sind und wenn sie dann im Garten wachsen, schnell mehr Schatten als gedacht spenden. Daran können Sie dann spontan wenig ändern. Auf Kaufgröße zurückschneiden ist keine gute Idee. Der Baum hat ein in den Genen liegendes Soll, dass er an Höhe oder Breite erfüllen will und das auch in den nächsten Jahren nach Anschaffung immer weiter anstrebt. Das deckt sich aber mit unseren Zielen, pflegeleicht Fläche zu bestellen. Eine einjährige Pflanze hingegen verschwindet nach einigen Monaten wieder.

Zunächst aber an die Planung der mehrjährigen Pflanzen. Hier ist meist nur auf die Lichtverhältnisse zu achten, außer bei den pH-Wert-Exoten (siehe weiter unten). Wenn Sie die Mehrjährigen geschafft haben, planen Sie die einjährigen Pflanzen in diesen vorhandenen Umriss hinein: Die klassischen einjährigen Pflanzen haben einen Reihenabstand, also den Abstand zwischen den Pflanzreihen, von 20-50 cm oder werden gestreut gesät.

Hierzu bitte auf die Saatpackung schauen! Mit der Zeit finden Sie auch die perfekte Anzahl an Pflanzen heraus, die Sie verarbeiten können, sowie wie eng sie die einzelnen Pflanzen setzen sollten. Dieser Pflanzabstand meint den Abstand der Setzlinge innerhalb der gleichen Reihe.

Der Pflanzabstand ist ein Näherungswert. Sie finden erste Anhaltspunkte dazu auf Saatgutverpackungen der jeweiligen Pflanzenart, besser aber der genauen -sorte. Wenn Sie am Anfang zu dicht gepflanzt haben, vereinzeln Sie die Pflanzen einfach später.

Ein erster Tipp zur Beeterstellung ist, darauf zu achten, dass Sie von allen Seiten der Beetkante aus gut an alle Stellen im Beet herankommen, also nicht die frische Aussaat zertrampeln, wenn Sie in der Mitte zum Beispiel hacken oder Unkraut zupfen müssen. Sonst sind Sie sehr frei in der Anlage von Beeten.

An dieser Stelle kurz ein Wort zu Unkraut: Ich bevorzuge das Wort "Beikraut", da diese Pflanzen Ihnen als Zeigerpflanzen nützlich sein können, das heißt, sie geben Auskunft über die Bodenverhältnisse, und weil sie quasi Platzhalter sind.

Wenn Beikraut in Ihrem Beet erscheint, sollten Sie dessen Namen herausfinden und recherchieren, welche Standorte es mag. So ermitteln Sie, wie Ihr Boden beschaffen ist. ‚Platzhalter‘ meint auch, dass bei Entfernen des Krautes wieder etwas nachwachsen wird. Hier sind offensichtlich gute Bedingungen und wenig Licht- und Nährstoffkonkurrenz vorhanden. Dieses Wissen können Sie für das nächste Beikraut nutzen, das Sie finden.

Komplementär zu diesem Gedanken ist das Mulchen mit Grasschnitt oder anderen Schnittresten, zum Beispiel aus dem Häcksler, immer zu empfehlen.

Aber zurück zur Bepflanzungsplanung: Wenn Sie mehrere Gärtner auf dem Grundstück sind, sprechen Sie sich ab, denn oft ergänzen sich die Sorten der einzelnen Personen gut in Mischkultur auf demselben Beet. Man kann auch eine "Mein-Beet-dein-Beet-Aufteilung" im Garten leben. Dies vermindert Konfliktpotential. In beiden Fällen notieren Sie doch bitte den Pflanzplan auf gleiche Art und Weise. Somit können Sie sich leichter vertreten.

Wie gesagt, am Anfang bauen Sie das an, was Sie am liebsten essen wollen! Zeichnen Sie nach dem Ausmessen mit dem Maßband einen Plan vom Grundstück relativ maßstabsgerecht und scannen Sie ihn oder lassen Sie eine Kopiervorlage in der Schublade.

Darauf wird nun die Sommer- und Winterbepflanzung notiert. Sie notieren faktisch also im Mai, was Sie auf das Beet gebracht haben, streichen weg, was nichts geworden ist und pflanzen im Juni spätestens nach. Dann notieren Sie die Pflanzung oder Einsaat des Winters, die von Ende August bis Oktober in das Beet gebracht wird. So behalten Sie den Überblick, was wo gesät wurde und was schlussendlich auch gewachsen ist. Für weniger Ambitionierte reicht nur ein Plan pro Jahr, der die Hauptkultur[2], die gewachsen ist, ausweist. Sie gibt für das nächste Jahr Aufschluss über die vermutlichen Bodenverhältnisse und die möglichen Pflanzenfamilien[3], die auf das gleiche Beet gesetzt werden können.

Denken Sie in der Planung auch daran, dass Sie Platz zum Lagern mancher Früchte brauchen, zum Beispiel Kartoffeln, Äpfel, Weinerzeugnisse, Rüben, Kohl, Kürbisse und vieles mehr! Es gibt derzeit in Deutschland kaum legale Mittel, seine Gartenfrüchte in kleinem Stil zu verkaufen. Auch ein Straßenstand will versorgt werden. Sie brauchen wieder eine Arbeitskraft hierfür, wenngleich dies auch nur geringfügig.

Wenn es ans Pflanzen geht, wird auch auf einmal wichtig, wie die Erde, also das Beet, vorbereitet wird. Es ist nicht pauschal richtig oder falsch, umzugraben, jedoch rät man mittlerweile davon ab, weil die Tiere im Boden dadurch unter Stress gesetzt werden

---

[2] Man unterscheidet zwischen Vor-, Haupt- und Nachkultur. Die Hauptkultur steht am längsten auf dem Beet und bestimmt maßgeblich die im nächsten Jahr möglichen Pflanzen für denselben Standort.

[3] Eine Auflistung der Familien und ihrer "Mitglieder" finden Sie im Internet unter "Pflanzenfamilien". Idee ist hier, nicht mehrfach auf das gleiche Beet Vertreter der gleichen Pflanzenfamilie zu setzen, um Schädlingsvermehrung und Bodenkrankheiten vorzubeugen.

und weil es im Verhältnis zum Nutzen nicht lohnenswert erscheint. Bei schwerem Boden haben Sie vermutlich keine Lust, jedes Jahr mindestens einmal umzugraben, und bei leichtem Boden ist es schlicht nicht nötig. Generell gilt: Umgraben macht bei unbekanntem Boden Sinn, um den Bodentypen kennenzulernen.

Mehr zum Bodentyp gibt es im entsprechenden Kapitel. Vielleicht finden Sie dabei Knollen, also Pflanzenzwiebeln. Heben Sie diese ruhig auf und setzen Sie sie im Herbst wieder an einen Fleck innerhalb der Pflanzfläche, markieren Sie die Stelle mit einem kleinen Beetschildchen. Ganz nach dem Motto "Vorsicht, hier ist was unter der Erde!"

MARKIEREN ODER "WAS STAND JETZT NOCH MAL WO?"

Ich benutze dazu einfache größere Eisstiele oder einfache weiße Steckschildchen, ohne sie zu beschriften. Sie sollten so groß sein, dass sie nicht von allein durch natürliche Bewegungen in der Erde verschwinden können. So können Sie sich im Frühling oder Frühsommer auf hübsche Gratis- Blumen freuen und haben einen ersten Schritt Richtung Bestellung der Fläche getan.

Die Schildchen – Sie ahnen es – können entweder bleiben, zur nächsten Zwiebelpflanzung wandern oder später zur Markierung einer Reihe mit Gemüse benutzt werden. Da im biologischen Landbau nicht alles kommt, was man sät, empfiehlt sich die Aussaat-Plan-Variante, statt die Schildchen mit Permanent- Marker zu beschriften. Wenn die Saat aufgeht und Pflanzen entstanden sind, können Sie das Schildchen beschriften.

Außer Tierfraß wird bei guter Pflege so schnell nichts mehr Ihre Pflanzen vernichten.

FAKTOREN FÜR DAS GELINGEN VON PFLANZUNGEN

Im Folgenden ordne ich die Faktoren absteigend nach ihrer erfahrungsgemäßen Relevanz. Hier wird noch nicht über notwendige Arbeiten an der Laube, der Regentonne, über das Erstellen von Beet- Eingrenzungen, Rankhilfen, von Gewächshäuschen, dem Reparieren von Gartentoren, von Zaunlatten, dem Besorgen von Materialien oder dem Freischneiden des Weges geschrieben.

Diese Arbeiten sind ebenfalls wichtig, jedoch oft auch in der kühlen Jahreszeit schaffbar. Außerdem unterstehen die meisten von ihnen nicht unmittelbar, also in der stressigen Pflanzzeit im Frühsommer, der Kontrolle durch den Gartenvorstand.

Zeit

Sie können einen Garten nicht per Mausklick steuern und neben Ihrer eingebrachten Arbeitszeit sollten Sie sich auch darüber bewusst sein, dass gerade chemiefreies Gärtnern viel Handarbeit und Geduld benötigt.

Beispielsweise, weil Sie Unkraut oder eine Überpopulation an Tieren am falschen Ort nicht einfach durch sprühen von Chemikalien, sondern händisch entfernen und von der bedrohten Pflanze ablenken.

Arbeit mit dem biologischen Gleichgewicht ist kognitiv kein Hexenwerk, jedoch ist es oft nötig, vorgenommene Maßnahmen immer wieder zu überprüfen. Dies kostet definitiv mehr Zeit als der Einsatz von Chemikalien. Belohnt werden Sie mit einem guten Gewissen, vielen kleinen Besuchern im Garten und schlussendlich langfristig gesundem Boden.

Dieser Zeitanteil ist ereignisabhängig und nicht gut vorherzusagen. Keine Sorge, wo ein Wille ist, ist auch ein Weg und dank der vielen Nachschlagemöglichkeiten findet sich oft in angemessener Zeit eine umsetzbare Maßnahme.

Eine andere Kategorie von Gartenarbeit hat berechenbare Zeitbedarfe: Das Pflanzen vom Saatkorn bis zum Kompost.

Ein ganzer Pflanzen-Lebenszyklus sieht wie folgt aus: Saatkorn, Keimling, kleine Pflanze, ausgewachsene Pflanze, danach oder parallel dazu Fruchtbildung, Reife, Ernte (einmalig oder mehrmals in dieser Phase), Sterben der Pflanze bei einjährigen Pflanzen, Weiterleben in Ruhephase bei mehrjährigen Pflanzen.

Für eine gelungene Schrebergarten-Bepflanzung ist eine Mischung aus einjährigen und mehrjährigen Pflanzen sinnvoll. Bei den einjährigen braucht eine Hauptkultur unserer Breiten um die 6 Monate, bis sich ein Ertrag einstellt. Nebenkulturen wie Radieschen oder Feldsalat benötigen nur einige Wochen. Ausnahmen bilden die Samenreife bei Kohl – falls Sie Saatgut selbst ziehen wollen – mit zwei Jahren und Schwarzwurzeln mit circa einem Jahr bis zur Reife.

Einjährige Kulturen wachsen gefühlt schneller, doch sie sind eben auch nicht ‚wiederverwendbar‘. Die Pflanze stirbt nach der Ernte ab. Mehrjährige Kulturen wie Bäume brauchen Jahre, bis an dem Stämmchen, das da in der Gegend rumsteht, viele Früchte geerntet werden können und Sträucher werden ab der Pflanzung zwar schon im ersten Jahr tragen, aber Ertrag ist erst circa ab dem dritten Jahr möglich. ‚Ertrag‘ im Gärtner-Jargon meint, dass es so viele pralle Früchte sind, dass die Arbeit im Verhältnis zum Nutzen geringer ist.

Vor diesem tollen Erlebnis haben Sie aber sowieso noch mit den Neben- und Hauptkulturen zu tun und während des Wartens, ob aus dem Broccoli oder der Bohne etwas wird, kommen an anderen Stellen tolle Blüten oder Früchte zum Vorschein. In der Wachstumsphase von Mai bis September oder Oktober kann mehr Zeit im Garten nur Gutes bringen, in der Ruhephase des Gartens ist es hingegen nicht nötig, öfter und länger anwesend zu sein. Sie

dürfen dies natürlich trotzdem sein! :-)

Budget

Ohne Geld geht es nicht, aber die Ausgabenhöhe ist je nach Garten und nach Geduld des Gärtners unterschiedlich. Ein Garten ist eine Never-Ending-Story, was die Möglichkeiten des Investierens angeht.

Bodentyp

Vor dem Gärtnern hatte ich Boden immer als braune Masse unter den Füßen wahrgenommen, unspezifisch und in sich unter mir homogen. Beides ist falsch. Boden ist von Standort zu Standort verschieden. Hierzu gibt es Bodenkarten im Internet oder der Bibliothek. Und Boden ist eben nicht homogen, sondern von oben nach unten in mehrere Schichten aufgeteilt.

Für das Gärtnern ist es gut, seinen Boden im Garten zu kennen. Man lernt den Boden mit der Zeit ohnehin kennen, weil bestimmte Gewächse nicht gedeihen oder andersherum. Wenn Sie wissen, zu welchem Bodentyp ihr Boden gehört, können Sie sich Pflanzenlisten aus dem Internet besorgen, die für Ihren Bodentypen geeignet sind.

Sollte der Boden zu viele Steine beinhalten oder Gifte von der Vornutzung des Grundstückes, so sind dies Störfaktoren, die Sie besser entfernen. Noch keine Zeit dazu gehabt? Sie können ja versuchen, ob Feldsalat, Rucola oder Radieschen vorübergehend trotzdem kommen und planen die Bodenverbesserung dann terminlich ein.

Grundsätzlich unterscheidet man bei Gartenböden in unseren Breiten zwischen leichten und schweren Böden. Vereinfacht kann man Sand-, Torf- und Lehmböden unterscheiden. Unterarten gibt es viele, wobei für das Gärtnern die Konsistenz (Wasser- und Nährstoffspeicherung) und die Schwere wichtig sind.

Der pH- Wert ist für Pflanzen wie Heidelbeere und Rhododendron sehr wichtig, viele andere Pflanzen weisen mehr Toleranz auf, weshalb ein Anbauversuch meist schneller funktioniert als eine lange Bodenanalyse. Für die pH-Wert-Bestimmung, also die Bestimmung des Verhältnisses von Ammonium- und Nitrat-Ionen im Boden, braucht es ein handelsübliches pH- Mess-Set oder, für genauere Ergebnisse, ein Labor. Die gängigen Gartenpflanzen wachsen bei einem Wert zwischen 5 und 7,8 gut. Sie müssen sich nur mit dieser Messgröße beschäftigen, wenn aus für Sie unerklärlichen Gründen nichts wächst oder Ihre Pflanzen lediglich kränklich wachsen.

Mit der Rieselprobe und einer Schlämmprobe

können Sie den Bodentypen bestimmen. Humus ist ein Thema, das mit dem Boden verbunden ist. Es meint den Anteil abgestorbener organischer Substanz im Boden. Oft wird von einem ‚humusreichen' oder ‚frischen' Boden gesprochen. Zweiteres ist ähnlich sinnvoll wie beim Fleischkauf darauf hinzuweisen, dass das Fleisch frisch sei. Davon ist hoffentlich auszugehen. Ähnlich ist es beim Boden. Ich habe noch nie ‚alten' Boden gesehen, weil der Boden ein Ökosystem ist, das sich selbst erneuert. Oft meint die Bezeichnung ‚frisch' auf Saatguttütchen, dass das Saatkorn keine besonderen Ansprüche an den Boden stellt. Es ist ein sinnlos hinzugefügtes Wort, weil Sie die ‚Frische' Ihres Bodens kaum beeinflussen können.

Auf Nachfrage bei Gartenfachleuten kam die Antwort, ‚frisch' werde manchmal auch mit einem hohen Humusanteil übersetzt. Diesen können Sie aber kaum ohne größeren Aufwand beeinflussen. Natürlich ist das Einarbeiten von Kompost immer sinnvoll. Es gibt auch Möglichkeiten, Humus hinzuzukaufen. Aus Gründen der Praktikabilität lohnt es sich mehr, den eigenen Gartenboden kennenzulernen und die passenden Pflanzen herauszufinden sowie den eigenen Kompost zu pflegen.

Diesen müssen sie laut Kleingartenrahmenordnung in der Regel ohnehin besitzen oder zumindest muss eine Gemeinschafts-Kompostanlage vorhanden sein. Wollen Sie Ihren Boden verbessern, so ist das Einarbeiten von Kompost auf dem zwei bis drei Wochen später zu bestellendem Beet praktikabel und obendrein können Sie nicht wirklich etwas falsch machen. Zur Kompostherstellung gibt es reichlich Literatur. Ohne Kompost geht es auch, das wird aber schwer. Be- und Entsorgungswege für ‚frische' Erde und für Grünschnitt werden dann viel Zeit in Anspruch nehmen und auch Geld kosten, das anders wohl besser investiert wäre.

Die Biomasse direkt vor Ort zu verarbeiten, ist leicht und stinkt auch entgegen mancher Vorurteile nicht. Aus ästhetischen Gründen ist ein Kompost am Rand des Gartens wohl besser aufgehoben als in der Mitte. Daneben empfiehlt es sich, viele Eimer zum Transport der Erde aufzustellen. "Boden" ist ein Endlosthema. Belesen Sie sich bei Interesse gern!

Lichteinfall

Faktor drei für das Wachstum von Pflanzen neben Wasser und Boden das Licht und die Wärme. Sie können die Wärme nicht wirklich beeinflussen. Daher schauen Sie bitte auf den Lichtbedarf der Pflanze vor dem Pflanzen oder Säen. Er wird mit "sonnig", "halbschattig" und "schattig" beziehungsweise

Abstufungen dazwischen angegeben und ist sehr wichtig. Mehr Sonne ist eher wachstumsförderlich als weniger, lautet die Faustregel.

Sie sollten sie Ausrichtung Ihres Gartens nach den Himmelsrichtungen kennen und bedenken, wie viel Schatten schon stehende Bäume und Gegenstände werfen. Nicht jeder Standort ist ganztägig sonnenverwöhnt. Das muss er auch nicht, doch manche ‚sonnige' Pflanzen tolerieren keine weniger sonnigen Standorte.

Wenn es Ihnen zu mühsam ist, alles auszutarieren, greifen Sie zu Saatgut für "sonnig bis halbschattig". Und auch wenn hübsche Pflanzen noch so verlockend im Laden stehen und vielleicht auch noch dazu im Angebot sind, denken Sie daran, dass ein Fisch Wasser braucht und eine Eidechse einen warmen Stein. Kaufen Sie nur standortgerecht ein!

Wasser- und Nährstoffversorgung

Ohne Wasser kein Leben. Das kennt man. Gießen Sie bitte lieber seltener und dafür größere Mengen auf einmal. Jeden Tag ein kleiner Hauch Wasser ist eher ungeeignet. Wenn Sie die Pflanzen an den Füße gießen, ist dies immer sinnvoller als von oben. Nur wenige Pflanzen mögen Wasser von oben, die Gurke zum Beispiel mag Nebel auf den Blättern.

Der Rest ist besser mit Wasser von unten

beraten. Bäume sind nur in starken Dürren zu gießen. Sehen Sie bei der Beetplanung zu, dass der Was-
serschlauch gut an die Pflanzen herankommt und
dass der Weg zur Zisterne nicht zu weit ist, falls Sie
mit einer Gießkanne gießen. Wenn Sie nicht lauffaul
werden, ist das aber kein Problem.

Dass zu viel Bewässerung faulige Wurzeln zur Folge
haben kann, ist sicher klar. Hier ist es günstig, Ihren
Bodentypen (sandig, lehmig, tonartig) zu kennen,
damit Sie sein Wasserhaltevermögen abschätzen
können.

Beim sandigen Boden, der viele Vorteile in der
Bearbeitungsschwierigkeit bringt, ist es extrem zeit-
aufwendig, ganz ohne zugekauften Dünger zu arbeiten. Die Klassiker für das Düngen ohne Hinzukaufen
sind Beinwell- und Brennnesseljauche sowie Pferdemist oder Schafsmist, wobei hier das pflanzenfres-
sende Tier relativ egal ist. Alternativ kaufen Sie einen biologischen Dünger wie gepressten Pferdemist
(Pellets). Schauen Sie auch ruhig, ob ihr pflanzen-
fressendes Haustier als Düngerhersteller helfen
kann!

Mulchen des Oberbodens kann das Düngen
nicht ersetzen, aber ist prinzipiell sinnvoll. Bezüglich
der Düngermenge sollten Sie bedenken, dass Sie in
der Wachstumszeit der Pflanzen von Mai bis August

je nach Zehrungsbedarf der Pflanze relativ viel Dünger brauchen könnten. Die optimale Düngermenge ist nicht leicht zu bestimmen. Etwas weniger ist mehr, aber zu wenig ist schnell viel zu wenig. Ab 2 kg- Packungen zu kaufen, ist für das Freiland sinnvoll. 1-l- Flaschen Flüssigdünger werden kein komplettes Beet bereichern und gehören auf den bepflanzten Balkon.

Pflanzennachbarn

Zur Optimierung der Anbau- Ergebnisse gibt es reichlich Listen, wer sich mit wem verträgt. Wenn es mal in der Praxis nicht so leicht umsetzbar ist, diese Pläne wegen verschiedener Höhen der Pflanzen, den Lichtverhältnissen oder verschiedenem Wasserbedarf so umzusetzen, können Sie auch nachlesen, was sich womit gar nicht verträgt. Das sind recht wenige Pflanzen, die in der Regel zur selben Pflanzenfamilie gehören. Entscheiden Sie! Sie sollen ja auch experimentieren und Spaß haben.

Zwar begünstigen sich passende Pflanzenpartner und halten auch teils Schädlinge fern, doch nur, weil Sie Möhren mögen, müssen Sie nicht zwingend auch Zwiebeln anbauen. Dieser Faktor ist nicht der wichtigste beim Gärtnern, denn die Listen basieren auf persönlichen Erfahrungen von Gärtnern und die messen selten empirisch genug, um andere

Erfolgsfaktoren für das Beetgeschehen auszuschließen.

Manchmal ist es schwer, die drei bis vier Kulturen pro Jahr auf dem Beet so aufeinander abzustimmen, dass man doch lieber zwischen das Gemüse Tagetes, Borretsch, Phacelia, anderen Gründünger oder Ringelblume setzt und es gut sein lässt.

Tagetes, auch Studentenblume genannt, und Phacelia halten einige "Knabberer" fern und sehen schön aus. Für die, die doch die passenden Partner aufs Beet bringen wollen, folgt hier eine Auswahl an guten Pflanznachbarn:

Karotte	Kartoffel, Zwiebel
Tomaten	Kohlsorten
Gurke	Borretsch (Blume)
Zwiebeln und Lauch	Erdbeeren
Salat	fast alles, was genug Licht für den Salat lässt

Befruchtungseigenschaften der Pflanze

Für Hobbygärtner reicht hier Wissen im Bereich der Befruchtung von Bäumen. Schließlich geht die Welt nicht unter, wenn der eine oder andere Baum einmal weniger trägt. Wer ganz wenig freien Kopf hat, lässt einfach gedeihen, was eben gedeiht. Sie sind ja nur zur Anbaufläche, aber nicht zur Ernte einer gewissen Menge an Früchten verpflichtet. Für die Ambitionierteren ist es gut, zu wissen, dass man bei Pflanzen zwischen selbstfruchtbaren und selbstunfruchtbaren unterscheidet.

Trägt ein Obstbaum ständig nicht, obwohl er blüht, könnte die Befruchtung nicht geklappt haben oder der Frost hat die befruchteten Blüten zerstört. Vielleicht ist er selbstunfruchtbar. Oder, oder, oder. Sie sollten für die ganz harten Fälle auf jeden Fall den arabischen Landbauern Ibn al Awam und seine Axtmethode kennen. Er drohte dem Baum der Legende nach mit dem Tode, wenn er nicht bald trüge.

Die langweiligere Option: Erkundigen Sie sich im Fachhandel, wann die sogenannte Hauptblütezeit Ihres Baumes ist und sprechen Sie mit Nachbarn über die bei ihnen vorhandenen Fruchtbäume. Versuchen Sie es ein oder zwei Jahre lang nur mit einem Baum einer selbstunfruchtbaren Sorte. Vielleicht wird er ja aus Faktoren, die Sie nicht einsehen können, heraus trotzdem befruchtet. Wenn nicht, sollten Sie einen zweiten, passenden Baum pflanzen. Wenn Sie möchten, können Sie auch gleich die beiden Bäume zusammenpflanzen. Die Frage ist bei großen Obstbäumen nur, ob Sie so viel Ertrag auch verarbeiten können und wollen.

Angesiedelte Tierpopulationen

Weil sie sich nicht gern zeigen, wenn Menschen herumlaufen, merkt man oft erst, dass sie da sind, wenn man eine Weile abwesend war und wiederkommt. Wie von Geisterhand verändern sich Rasenstücke, Pflanzenteile verschwinden, manchmal bewegen sich auch Steine leicht oder Sie denken, Sie bilden sich ein, dass vor wenigen Tagen genau an demselben Ort noch Pflücksalat stand.

Vorhin haben wir gesagt, dass wenn die Pflanze einmal am richtigen Standort ist, ihr so schnell nichts mehr etwas anhaben kann. Bei Salat ist das etwas anders. Daher die Empfehlung, Salat möglichst mit Schneckenbarriere anzubauen und sonst stets hinzuschauen, warum das Tier die Pflanze frisst und dem Tier andere Möglichkeiten zu geben.

Sicher haben Sie schon gehört, dass die Tiere oft deswegen kultivierte Pflanzungen anfressen oder in ihren Bau schleppen, weil ihnen die Futteralternativen fehlen, wenn Gärten zu sauber gehalten werden, um optisch etwas herzumachen. Mit einigen Totholz- Ecken, ein paar Geschenken an die Natur in Form von zurückgelassenen Ernteüberschüssen wie Beeren, Sonnenblumenköpfen und so weiter schaffen Sie gute Bedingungen, dass sich auch bald der Fressfeind eines bestimmten Tieres ansiedelt, sodass Sie nicht zur Falle oder zur Chemie greifen müssen.

Auch ich habe Tiere im Garten und manchmal macht mich der Maulwurf wahnsinnig, aber er ist zum Beispiel gut mit Lärm (laden Sie spielende Kinder ein, die über den Rasen rennen!) und Maulwurfstabletten aus dem Handel zu vertreiben, falls er zu viel zerstört. Dass Maulwürfe nicht getötet werden dürfen, muss ich sicher nicht erwähnen. Das Grundstück ist an drei Seiten von Asphalt und Baumhecken, also unversiegelten Flächen mit Wildwuchs umgeben, und bietet so Rückzugsmöglichkeiten für kleine Helfer.

Googeln Sie zum Beispiel gern den Fressfeind Ihres Schädlings und richten Sie es ein, dass er zu Ihnen kommt. Wenn Sie ringsum nur andere Kleingärten haben, ist dies ein Grund mehr, Totholzhaufen anzulegen. Ein paar Maulwurfshügel sollten Sie im naturbelassenen Garten nicht aus der Ruhe bringen. Wie gesagt, das Vertreiben ist okay, Töten vom

Gesetz untersagt. Andere Tiere dürften Sie prinzipiell töten, doch es ist gegen die Idee eines naturnahen Gartens und mit den genannten Strategien auch gar nicht nötig. Ablenkung des Schädlings und Ansiedlung seiner Fressfeinde sind die zwei Grundideen der biologischen Gartenbaupraxis im Umgang mit überhandnehmenden Tierpopulationen.

An die Arbeit!

D ie erste Herausforderung bei der Pflanzung ist meist, dass Gartengrundstücke, die abgegeben werden, schon etwas verwildert sind. Oft haben die Vorbesitzer es einfach nicht mehr geschafft, alle Sträucher, Bäume, Beete, Rasen- und Wegflächen, Kletterpflanzen etc. zu pflegen oder müssen umziehen und den Garten zurücklassen.

In Zeiten ständiger Mobilität im Beruf und manchmal auch im Privatleben kann es natürlich passieren, dass Sie umziehen müssen. Überlegen Sie, ob es absehbar ist, dass Sie nicht oft am Garten sein können – und mit oft meine ich von März oder Mai bis circa September um die 15 Stunden pro Woche, aufgeteilt auf idealerweise vier Termine, sowie von

September bis März oder Mai. Die Sommermonate, wenn Sie auf dem Gartengrundstück Jungpflanzen aus Saatgut ziehen. Von September bis März dann zum Baumschnitt und zur wöchentlichen Kontrolle des Gartens.

Wenn Sie dies nicht schaffen können oder wollen, sollten Sie von einem eigenen Garten absehen und über Alternativen wie die Mitgliedschaft in einem Gemeinschaftsgärten oder über Balkonkästen nachdenken. Ersteres ermöglicht Ihnen in der Regel mehr soziale Kontakte als der eigene Schrebergarten.

Für diesen gilt nämlich, dass nur kurzfristige Nachbarschaftshilfe erlaubt ist, regelmäßig dort arbeitende und verweilende Personen aber beim Gartenvorstand angemeldet werden müssen. Enge Familienmitglieder bilden eine Grauzone, die in der Praxis unproblematisch ist. Für die Option Balkonbepflanzung gibt es tolle Anleitungen, wie Sie auch mit wenig Platz eine Ernte erschaffen können. In unserem Fall geht es aber eher darum, dass mehr Platz als Zeit zur Verfügung steht.

Haben Sie Zollstock, Pflanzplan und Stift bereit? Ein paar Buntstifte schaden zum Erstellen des Planes auch nicht. Messen Sie Ihr Grundstück gern ab, wenn Sie den Plan maßstabsgerecht brauchen.

Wenn nicht, legen Sie los und benennen Sie die Bereiche im Garten auf dem Papier. Schreiben Sie in jedes Beet, das Sie einzeichnen, die Ausprägungen unserer genannten Faktoren "Boden, Wasserzugang, Licht, Pflanzennachbarn" und falls Sie es schon gemessen haben, den pH- Wert plus vermuteten Bodentyp. Wenn Sie es nicht wissen, lassen Sie etwas Platz, Sie werden es herausfinden. Hierfür eignen sich die Beobachtung von Zeigerpflanzen oder die im Unterkapitel „Boden" erläuterten Bodenanalysen.

Im Anschluss notieren Sie bitte Ihre Pflanzenwünsche, die Sie dann mit den Informationen auf dem Beetplan abgleichen und somit festlegen, was auf welches Beet soll. Dies macht erst einmal Mühe und vielleicht zittert Ihnen schon die Hand vor lauter Tatendrang, doch die akribische Planung lohnt sich. Sie sparen Zeit, Kosten und Ärger, wenn Sie die passenden Pflanzen setzen. Der Pflanzplan kommt unabhängig von seinem Erstellungszeitpunkt im Mai zur Umsetzung, direkt nach den Eisheiligen. Der Winterpflanzplan je nach Wetter Ende August bis Anfang Oktober.

Jetzt kommt die Schwierigkeit an der Pflanzplanerstellung: Es gibt einjährige und mehrjährige Pflanzen. Falls die Mehrjährigen noch nicht im Garten vorhanden sind, ist hier mit einer teils mehrjährigen Wachstumszeit bis zur finalen Größe zu rechnen. Vorhandene Bestände am besten gleich auf die Kopiervorlage des Pflanzplans zeichnen und mitkopieren. Prüfen Sie unbedingt, wie Sie Vorhandenes gut erhalten können!

Für die Auswahl der diesjährigen Pflanzen empfehle ich nun, auf die Bodenlisten, die Sie im Winter angefertigt haben, zu schauen und sich mithilfe der Pflanzen, die für Ihren Boden passen, einen Pflanzplan zu erstellen. Gehen Sie gedanklich die obigen Parameter durch! Für Menschen mit weniger Kapazität: es gibt online vorgefertigte Pflanzpläne, die in der Regel nicht auf Ihren Bodentyp abgestimmt sind. Sie können für den Anfang aber nicht viel falsch machen, wenn Sie eine Kombi einfach einmal aussäen oder pflanzen. Nur auf Dauer das Falsche zu pflanzen, wird teuer. Dann heißt es ran ans Werk!

Alle folgenden Pflanzen wurden auf eher sandigem Boden getestet, weshalb ich Sie für diesen Bodentypen empfehlen kann.

MEHRJÄHRIGE PFLANZEN FÜR VIEL PLATZ

Kräuter

Oft schon in übernommenen Gärten vorhanden, können Sie sie aufpäppeln. In Deutschland gut erhältliche Kräuter sind in der Regel heimisch oder mediterran. Denken Sie daran, dass mediterrane Kräuter weniger Wasser und mehr Sonne brauchen! Alle Kräuter sind, wenn sie einmal gewurzelt haben, sehr robust, manche wie der Thymian oder Lavendel, Kapuzinerkresse und Bohnenkraut ziehen den ganzen Sommer über Nützlinge auf das Beet und haben hübsche Blüten.

In der Praxis ist es auch ok, wenn Sie die mediterranen Kräuter eine Saison lang allein lassen und nur notwässern. Petersilie ist etwas anspruchsvoller, einfach mal probieren!

Kirschbaum

Wunderbare Option für viel Anbaufläche. Kirschen sind schmackhaft, praktisch, weil sie früh im Jahr geerntet werden (Juni) und der Baumschnitt ist technisch wie auch von der Holzhärte her relativ einfach. Fehler verzeiht der Baum gut. Die Äste lassen sich entgegen der Wuchsrichtung der Blätter einfach und gefahrlos mit der Hand abstreifend von den Blättern befreien, wenn man Stöcke gewinnen will und die Blätter auf den Kompost geben will.

Zu unterscheiden sind Süß- und Sauerkirsche. Die Süßkirsche ist meiner Erfahrung nach toll zum Naschen, hat aber kaum Verarbeitungsmöglichkeiten und ist nur wenige Tage lagerfähig. Wenn Sie haltbarere Sorten kennen, schreiben Sie uns gern! Die Sauerkirsche hingegen passt gut für Backliebhaber und ist besser für Kompott geeignet.

Apfelbaum

Ein toller Kandidat für viel Fläche und wenig Aufwand. Einfach die Anleitung für die jeweilige Sorte beachten und loslegen. Nicht vergessen: Es braucht immer mindestens zwei Apfelbäume in ca. 200m Umkreis, um die Befruchtung zu gewährleisten. Auch Duo-Apfelbäume sind empfehlenswert. Sie bestehen aus zwei Sorten an einem Stamm.

Weinreben

Die Weinrebe ist pflegeleicht, weil sie von allein wuchert, sich mit extrem wenig Wasser zufriedengibt und nebenbei Charme im Garten versprüht. Wer eine warme Wand hat und etwas Material zum Hochbinden der Triebe, die durch die Trauben ab Juli schwer werden und abknicken können, der hat hier einen tollen Gartenbegleiter für viele Jahre gefunden! Es ergibt sich beim Überdachen einzelner Flächen mit Wein eine gewisse Anbaufläche. Niemand hat gesagt, dass alles Gezählte auf dem Boden wachsen muss. Verarbeiten lassen sich die Trauben zu Saft und Wein.

Brombeeren

Brombeeren wuchern auch, nur die meisten Sorten völlig wild und penetrant. Wirklich nur zu empfehlen, wenn man entweder eine Wurzelsperre hat oder wirklich gute Handschuhe, um die extrem sprießenden Ruten abzukappen und beharrlich zum Dornen-Kompost bringen will.

Normaler Kompost scheidet eher aus, will man sich bei der Suche nach frischer Erde im Frühling nicht verletzen. Jeder kann seinen Kompost gestalten, wie er will, aber ich bin kein Fan von Dornen in der Komposterde. Es gibt inzwischen schüchternere Brombeerenarten im Handel, die weniger wuchern.

Damit kann man Wände verzieren und Sichtschutz bauen. Wenn Sie diese Sorten probieren, können Sie ohne Mühe Fläche gutmachen. Wie gesagt aber nur unter bestimmten Bedingungen.

Himbeeren

Sie sind wie Brombeeren eine Standard-Sorte in vielen Schrebergärten. Sie wuchern auch, doch in akzeptablem Maße, ich nenne das eher kostengünstige Vermehrung zugunsten der Naschfreudigen. Mit Ausläufern und Stecklingen können Sie nachhelfen, sollte die Eigenvermehrung nicht reichen. Eine schöne Pflanze, die für Sichtschutz sorgen kann, wenig Wasser braucht und die auch sonst wenig Aufmerksamkeit benötigt.

Erdbeeren

Erdbeeren sind für viel Fläche geeignet, weil sie Ausläufer bilden, oft mehrmals im Jahr. Sie sind aber in die Kategorie "etwas pflegeintensiv " einzuordnen, da rund um ihre Erntezeit (oft Juni) einiges zu tun ist: Düngen, regelmäßig gießen, Unkraut dazwischen entfernen, Ausläufer beim Anwachsen unterstützen oder am Ansatz stutzen, wenn keine Jungpflanzen erwünscht sind.

Dies kann alle 2 Tage neu schon einiges an Durchhaltevermögen brauchen. Der Geschmack und die sonstige Unkompliziertheit das Jahr über sind es aber wert. Ganz versierte Selbstversorger belesen sich über die Variante, Erdbeeren auf drei verschiedenen Feldern zu halten.

Mehr Anbaufläche haben Sie, jedoch ist die Frage, ob die Optik im Garten davon besser wird, da die Erdbeere sehr flach ist und der Boden wie ebenerdig aussieht, wenn sie nicht gerade blüht. Für sehr große Grundstücke kann dies aber durchaus eine attraktive Option sein.

Rhabarber

Groß, hübsch, schmackhaft. Es geht nichts über ein Stück Rhabarberkuchen. Die Pflanze ist einfach praktisch, weil sie viel Anbaufläche und leckeren Geschmack fast zum Nulltarif bedeutet. Im Frühjahr düngen und auf Erntestopp am 24. Juni achten, weil sonst giftige Stoffe gebildet werden. Die Pflanze ist offen gesagt keine Augenweide, aber ein relativ genügsames großes Wesen.

Johannisbeere/ Stachelbeere/ Jochelbeere/ Physalis

All diese Pflanzen sind wunderbar pflegeleicht. Oft sieht man sie auf lange verlassenen Grundstücken noch eifrig Früchte produzieren. Blätter regelmäßig auf typische Krankheiten kontrollieren, einmal im Jahr stutzen, natürlich bei Bedarf notgießen, fertig. So ein kleiner Strauch gibt Beeten optisch Struktur und schmeckt, wie auch die Kirsche, bevor andere Früchte reif sind.

Heidelbeere

Sie braucht einen sauren Boden, das heißt, der pH-Wert sollte um die 4,5 liegen und der Boden mindestens etwas sandig sein. Wie Sie genau die Sandig-, beziehungsweise Lehmigkeit Ihres Bodens bestimmen, können Sie online herausfinden. Stichwort Bodenprobe. Sonst ist die Heidelbeere genügsam.

Manchmal empfiehlt sich ein Vogelschutz gegen zu viel Mundraub aus der Luft in Form einer Gardine, was dann optisch streitbar werden kann. In ein Pflanzloch mit eben diesen Bedingungen gesetzt, ist sie eine der dankbarsten Pflanzen im Nutzgarten. Es lassen sich köstlichste Konfitüren, Kuchen oder einfach nur Geschenkkörbe herstellen. Kulturheidelbeeren haben einen ausgewogeneren Aromen-Mix in der Frucht als Waldheidelbeeren.

Haselnuss

Falls Ihre Gartenordnung das Anbauen von Nüssen nicht verbietet, dann ist die Haselnuss Ihr Kandidat. Sie ist einfach anspruchslos. In der Regel ist eine Wuchshöhe von 2,50 m nicht zu überschreiten. Aber eine gute Astschere haben Sie ja vorrätig.

Pflaumen-/Zwetschgenbaum

Eine tolle Option für viel einfach erwirtschafteten Ertrag. Er nimmt nicht ganz so viel Fläche ein, aber macht umso mehr Freude.

Staudenblumen

Das Stichwort hier lautet "Stauden", eine pflegeleichte Möglichkeit, Beetfläche zu bestellen, da die Blumen jedes Jahr wieder aus demselben Stamm wachsen. Sollten die schon vorhandenen Stauden unansehnlich geworden sein, prüfen Sie die Rückschnittzeitpunkte und die Düngerbedarfe der Pflanze und gehen Sie strikt danach vor.

Schneiden zum falschen Zeitpunkt ist nicht zielführend. Standorte vorhandener Stauden kann man prinzipiell verändern, jedoch gilt hier die Regel "Einen alten Baum verpflanzt man nicht". Im Gartencenter gibt es immer eine Abteilung, die direkt "Stauden" heißt. Es gibt Stauden, die im Winter im Haus gelagert werden und solche, die im Beet bleiben.

Prüfen Sie, dass Ihre Pflanze wirklich der zweiten Kategorie entspricht, wenn Sie wenig Zeit haben.

EINJÄHRIGE PFLANZEN FÜR VIEL PLATZ

Die Freude und die Arbeit gibt es alle Jahre wieder. Im Jahresverlauf sogar mehrmals. Wenn man es ganz genau nimmt, vier bis fünf Mal auf der gleichen Fläche. Einjährige Pflanzen sind variable Gestaltungselemente, die eben jedes Jahr neu im Pflanzplan "berechnet" werden müssen.

Schauen Sie, was zuvor auf dem gleichen Boden gewachsen ist, und achten Sie darauf, dass nicht zu häufig hintereinander die gleiche Pflanzenfamilie auf dieselbe Stelle kommt!

Gründünger

Ein Muss im Bio-Garten. Im Nu haben Sie oft bunt blühende Pflanzen, die Insekten anziehen, den Boden verbessern und als Anbaufläche zählen. Große Packungen gibt es im Gartenhandel zu kaufen, Boden leicht lockern, Saatgut einarbeiten, gießen, warten. Einziges Manko: Man kann nicht den ganzen Garten damit bestellen. Gut, Spaß beiseite. Es gibt auch hier Pflanzenfamilien-Unverträglichkeiten zu beachten. Zum Beispiel sollte Gelbsenf nicht direkt vor oder nach Kohl auf dieselbe Stelle gesetzt werden (beides Kreuzblütengewächse). Die Lupine und die Bohne ebenso. Ansonsten freuen Sie sich über ein reiches Blütenmeer!

Kürbis

Ein einjähriger Wucherkünstler. Starkzehrer obendrein. Also keine Dauerlösung für denselben Standort. Sie müssen mit vier Metern Länge Ausbreitung in unvorhersehbare Richtung rechnen. Oft eine lange Seite, dann mehrere kürzere Triebe, die aber auch mehrere Meter lang sind. Wasser- und nährstoffhungrig, aber kurzfristig eine brillante Idee, um Anbaufläche zu füllen.

Große Zucchinisorten

Mit "groß" ist nicht unbedingt die Frucht gemeint. Die Pflanze wird aber sehr schnell groß. Es gibt Sorten, die rund wie der Rhabarber wachsen, was Ihnen mehr Kontrolle über die Fläche gibt und Sorten, die wie der Kürbis wuchern. Für diese gilt das Gleiche wie für den Kürbis.

Gurke

Der Gurke ist es hierzulande eigentlich zu kühl und zu trocken. Wenn Sie ein Gewächshaus haben, sollten Sie dort Gurken oder Tomaten unterbringen, im Freiland ist die Gurke eher schlecht aufgehoben. Eine hübsche Pflanze, logischerweise aber sehr wasserhungrig und damit ab Ende Juni nur noch im Gewächshaus so richtig fruchtreich, da im Freiland in der Hitze zu viel Wasser verdunstet und die Früchte so ungenießbar werden. Da sie schnell wächst und hübsch aussieht, ist sie eine gute Idee, um Platz gutzumachen.

Tomate

Ein Muss im Schrebergarten. Probieren Sie viele Sorten! Klassische Tomatenkrankheiten aushalten und es weiter probieren, führt letztendlich zum Glück. Es ist wie beim Menschen.

Wenn die Pflanze gut mit Wasser, Licht und Nährstoffen versorgt ist, kommen in der Regel weniger Krankheiten auf. Bitte auf das Ausdrehen von Geizen achten und kein Wasser von oben zugeben.

Pflücksalat

Sinnvoll, wenn Sie beim Ernten beliebig kleine Portionen haben wollen. Er verschwindet aber auch Ende Juli wegen der Hitze, wenn Sie nicht dauerhaft daneben stehen. Daher ab ins Gewächshaus oder Frühbeet. Das Gewächshaus immer schön sauber halten, damit genug Licht durch die Wände kommt. Schnecken mögen ihn auch.

Spinat

ist komplett unkompliziert. Streuen Sie ihn auf das vorbereitete Beet und fertig. Der neuseeländische Spinat wuchert sehr, ist aber schmackhaft und pflegeleicht. Wenn Schnecken ihn mögen, legen Sie ein paar Blätter etwas entfernt von den zu schützenden Pflanzen hin und hoffen Sie auf das Beste!

Bohnen

Bei Bohnen scheiden sich nicht nur wegen ihrer Verträglichkeit manchmal die Geister, sie sind auch im Anbau teils eigen. Es gibt Prunkbohnen, die für das Auge erschaffen wurden und schöne Blüten zeigen, aber auch Sorten, die eher schmackhaft statt hübsch sind. Eine Stangenbohne am Spalier sieht aber irgendwie immer hübsch aus, nimmt, wenn sie einmal gut wächst, relativ viel Fläche ein und macht auf dem Teller Spaß.

Erbsen

Erbsen funktionieren ähnlich wie Bohnen, nur, dass sie schon im Juli vom Beet verschwunden sind. Eher eine Vorkultur.

Kartoffeln

Ein Muss für Ihre Idee, pflegeleicht viel Fläche zu bestellen. Greifen Sie zu späten Sorten, wenn Sie das Feld lange bestellt haben wollen! Diese sind obendrein lagerfähig. Natürlich gehen auch mittelfrühe Sorten, wenn Sie eher ungeduldig sind. Gelegentlicher Schädlings-Check und Notgießen bei extremer Hitze reichen.

Feldsalat

Schwachzehrer. Pflegeleicht.

Kohl

Wenn Sie Kohl gern essen, ist der Kohl aus dem Garten spitze! Ein pflegeleichtes Gemüse mit ausladenden Blättern, die pro Pflanze mindestens einen Quadratmeter einnehmen können. Besonders gut ist, dass mit Kohl die Beete auch im Winter bestellt sind. Das muss zwar laut Kleingartenordnung nicht dringend sein, aber es sieht im Winter einfach gut aus. Schauen Sie sich vor der Pflanzung die Verarbeitungsmöglichkeiten für Ihre Sorte an!

Mangold

Ein eng mit Spinat verwandtes Gewächs. Er ist äußerst pflegeleicht, kann von langweilig bis prächtig aussehen, also wie große, bunte Laubblätter, nur eben essbar. Ist wie Spinat mit einer sehr kurzen Garzeit gesegnet und gut portionsweise zu beernten. Schwach- bis Mittelzehrer.

Radieschen

Auch eine Vor- oder Nachkultur. Wenn Sie wenig Zeit und gar keine Idee haben, fangen Sie mit Radieschen an. Während Sie die Früchte naschen, können Sie dann einen Pflanzplan für die Hauptkultur auf dem gleichen Beet machen. Radieschen wachsen unheimlich schnell und damit ist das Beet auch schnell wieder frei.

Die aufgeführten Pflanzen sind natürlich keinesfalls eine Aufstellung aller im Garten möglichen Nutzpflanzen, sondern speziell auf unser Thema abgestimmt. Ergänzen Sie die Liste gern individuell für Ihren Bodentypen.

Ich wünsche Ihnen viel Spaß beim entspannten Gärtnern!

Herstellung und Verlag:
BoD – Books on Demand, Norderstedt
ISBN: 9783752643053

© Miriam Feldmann 2020
1. Auflage
Kontakt: Psiana eCom UG/ Berumer Str. 44/ 26844 Jemgum
Covergestaltung: Fenna Larsson
Coverfoto: depositphotos.com